Damaris Marrero Pupo

El Cortaplumas y los Violines Viejos

Damaris Marrero Pupo

El Cortaplumas y los Violines Viejos

Poesía

JustFiction Edition

Imprint

Any brand names and product names mentioned in this book are subject to
trademark, brand or patent protection and are trademarks or registered
trademarks of their respective holders. The use of brand names, product
names, common names, trade names, product descriptions etc. even without
a particular marking in this work is in no way to be construed to mean that
such names may be regarded as unrestricted in respect of trademark and
brand protection legislation and could thus be used by anyone.

Cover image: www.ingimage.com

Publisher:
JustFiction! Edition
is a trademark of
Dodo Books Indian Ocean Ltd., member of the OmniScriptum S.R.L
Publishing group
str. A.Russo 15, of. 61, Chisinau-2068, Republic of Moldova Europe
Printed at: see last page
ISBN: 978-613-9-42511-2

De Damaris Marrero Pupo.

A aquellos de espíritu sensible que han sufrido una avalancha de días malos, y desarraigos a raíz de la pandemia.

A mi pueblo cubano, a cualquier cubano que ame a Cuba aunque no viva ya en ella.

A mis hermanos de todo el mundo que sienten muchas veces que sus fuerzas se agotan.

A todos los que sientan anhelo de expresar lo que llevan entre pecho y espalda.

Introducción:

Esta obra poética a la que he titulado " El cortaplumas y los violines viejos" ha nacido en un tiempo álgido, un tiempo que bien podría llamarse pospandémico aunque aún aparecen rebrotes a nivel mundial del Coronavirus.

En ella me he adentrado en temas profundos, temas harto delicados por la sensibilidad que los envuelve, he tratado de abordar los mismos con la diafanidad que ameritan.

Por tanto de la misma manera que percibí, sentí, y he tratado de conducirme a través de esta temporada o estación de la vida por llamarlo de alguna forma, desde ese punto de mira he tratado de plasmar todo cuanto a mi alcance ha llegado, y es mi propósito que los lectores logren identificarse con cada situación pudiendo extraer el mejor provecho a cada circunstancia embarazosa o muy complicada, como las que a nivel mundial estamos enfrentando.

Trueque.

¿A qué le temes?

¿A las esquinas vacías?

Donde en las elevadas paredes

se exhiben antiguas fotos

o a la tarde y la caída del sol,

a la mesa en silencio

a una mínima pieza de tu vajilla.

¿A qué le temes?

¿A una habitación sombría?

Un metro de cama, unas sábanas frías,

al calor ausente, las puertas cerradas,

aires que silban en tus madrugadas.

¿A qué le temes?

Busca en las esquinas bonitos recuerdos,

y si puedes pinta, de rosado el techo,

verás una estera de tintineantes luces

agradece la mesa, también la vajilla,

el metro de cama, las sábanas frías.

Nunca estarás sola ni hoy ni ningún día.

Violines viejos.

Séptico por descuido

necrosado sin remedio

no hay vuelta atrás

irreversible y lerdo.

Prefiere allí en el cubo

su miembro mutilado,

no bailará al compás

del tango, la bachata,

se enerva, se debate,

entre risas forzadas.

Apartado del cuerpo, sangre,

vestigios de amnistía.

Hilo, puntos de refuerzo,

alcoholes,

batalla que se libra.

Tu maná guardado

infecto en el silencio,

con gritos de agonía

cual violines viejos,

solo es desperdicios

y un amargo recuerdo.

Liderazgo.

Cabellos desprendidos sin sutilidad alguna,

citostáticos.

Inapetencia entretejida con náuseas,

células muertas, infecundos tejidos.

Salón, puntos, puntos y salón.

Ríes, y tomas todo con la mayor naturalidad del mundo,

me avergüenzo.

¡Qué liderazgo!

Empuje descomunal, saldrás airosa

la vida te lo debe.

Incólume.

Entre demencia y esquizofrenia,

prendas a tijerazos cercenadas,

humo de cigarro incesante,

quejidos, puerta abierta a mitad de la noche,

comida que se reparte libremente por el vecindario.

Tú, con la mirada entre asombro e impotencia.

Grande.

Te observo cual escultura de mármol y diorita,

ameritas una.

Mi sepelio.

Sentada frente a mí misma

cavo una tumba,

en terreno de templada arcilla

con la profundidad necesaria.

Todo lo que decidimos enterraremos

yo y mi yo.

Preocupación por la opinión ajena,

ingenuidad, reciprocidad a la espera de días,

meses y años;

relaciones corroídas por la doble apariencia,

jueces inmisericordiosos, tribunales vendidos,

Judas y Pilatos.

Cava más.

– A mí yo – le digo.

No están todos, aún hay espacio.

Rabia.

Caminar ayuda cuando la rabia te carcome,

la imposibilidad.

Esa calzada es testigo

de mis arranques de adrenalina por tu indiferencia.

El prado es poco para la taquicardia

que en mi interior habita, me desahogo.

Deambulo a la velocidad de la luz,

pongo la cuarta o la quinta.

Avanzar es una medicina,

la rabia va quedando en cada metro,

se desarticula cual hueso fragmentado,

mi rabia, tu rabia, nuestra rabia.

Otra marioneta.

¿Quién crees que eres, oh mortal?

¿Decides tú el curso de mi vida?

Disparate garrafal,

eres una marioneta más,

pero me apena que lo ignores.

Porque te crees Goliat exteriormente,

y a la vez te notas cual foráneo canino.

No eres nada, solo instrumento, vasija,

y será tu contenido el que te defina.

Espuma.

Aroma a lavanda

blanca espuma

moléculas deambulantes

sobre azul celeste.

Taquicardia, sofocos, insomnio

ducha caliente,

caída de estrógenos.

Cremas hidratantes

trote a favor del viento,

estilo revocado

emerjo de nuevo.

Disparidad.

Todos los días no se sienten igual,

hay días donde la mordida de un perro

te parece una caricia.

Hay otros donde un baúl lleno de regalos

te comprime el alma.

¿Y me preguntas a mí

por qué le ha durado tanto el dolor?

Porque estaba ahí todos los días junto a ella,

la acompañaba, era su apoyo, su confidente,

su caballero de hidalga figura.

No todos los días estamos preparados para las ausencias,

las traiciones, los desgastes.

Hoy es un día de baúles, no de perros y mordidas.

Enervados pasos.

Me adelanto con enervados pasos

como cada tarde luego de las cinco.

Medito en cada tramo del trayecto,

sé que me esperas.

Abro la puerta y sin hacer mucho esfuerzo

percibo tu húmedo hálito,

tus pasos se sienten mucho más enervados que los míos.

Me miras con ese impersonal atisbo

sin omitir ningún detalle.

Sinceramente me alegra tu compañía,

me animas a buscarme a mí misma,

a buscarle a Él, a crecer.

Contigo disfruto la ausencia del bullicio,

la tarde enmascarada, el café humeante.

Disculpa mis efugios al inicio,

hoy te has convertido en mi singular aliada.

Eres de las buenas compañías, soledad.

Falla.

Por agradarle al mundo cedí mi progenitura,

cual Esaú tuve en poco

el amor y la herencia que el padre ha depositado en mí.

Lo juzgué,

cuando internamente soy similar a él,

me arrepiento.

Por aprobación ajena vendí mis concepciones,

deplorable.

Por estar acompañada canjeé mis más puras creencias,

patético.

Soy otro Esaú y hoy me retracto,

mi falta fue más grande, y abiertamente lo lamento.

Moriré, viviendo.

Gracia que me rodea como suave atuendo de lino

deslizándose sobre mi cuerpo,

como lluvia que limpia y borra todo polvo,

partícula, vestigio de mis pecados.

Gracia que me fija como las mareas a la luna

o cual raíz de roble a húmedas cordilleras.

Gracia que me libera

cual sinsonte preso en jaula empotrada en piedra,

ungiendo mis alas para un alto vuelo,

preparando mi voz más cercana al cielo.

Gracia que me toma cual novia en invierno,

en la fría nieve de copos etéreos,

y suave me eleva a un compás eterno

donde con mi amado moriré, viviendo.

Derecho de convivencia.

Hay tiempos de alegres compañías

donde no se crece ni el grosor de una cutícula.

Todo está bien, todos ríen, apoyan, aprueban

hasta que llega la noche de oscuro manto,

la nube negra con tristeza y llanto.

Exploras tu entorno y adviertes que estás sola.

En un instante,

todo aquello que creías, ha colapsado.

No eran tan amigos tus amigos,

tampoco tenías un sitio especial en sus vidas.

Sus auras han desaparecido,

como las amenas charlas a la hora del té.

Irrumpe estrepitosamente una soledad muda

de exigua sonrisa,

sin permiso se permitió el derecho de convivencia.

Has de aprender a extraer lo mejor de ella

sin titubeo alguno.

Al final verás que ha sido un mal necesario.

Resurgirás como el ave Fénix de tus cenizas.

La nada.

Barrotes, rejas, dibujos yuxtapuestos,

historias contadas con sólidas manos.

Tiempo que consume, oxida y vulnera.

Vida que se esparce cual amarga plaga

dejando a su paso oscuras miradas.

Cosas temporales, azarosas, frívolas,

cual avalancha inminente hacen su entrada

dilapidando los escasos restos de diafanidad,

allí mis madrugadas se desnudan en la nada.

Avidez.

¿Buscas conocerte?

Aléjate del revuelo,

de opiniones ausentes,

de veredictos buenos,

y sentencias pirateadas.

De amigos a hurtadillas

y sonrisas forzadas.

Quédate en la soledad

entre tu cuerpo y tu alma.

Busca la compañía del céfiro

en las mañanas, del ocaso,

la aurora o la luna y su mirada.

Solo allí donde se esconde

soledad en su morada,

solo allí descubrirás

quién tú eres y a quién amas.

Entre telarañas.

Rodeada por una delicada brisa

me aventuro a pensar, a debatir

a transitar.

Sobre el desgaste de las sillas

de hierro, y las telarañas que penden

de cualquier rincón.

Tocante a relaciones mal atendidas

a palabras pronunciadas como puntas de lanza

que sin opción volaron por los aires

y desterraron a más de un corazón.

Las ropas suceden a sus dueños.

¿Qué es la vida?

Es más que posesiones, títulos, likes.

Por eso compra centímetro, balanza, pesa,

mide tus palabras, las sílabas siniestras

serás hallado falto, al sobrar cualquier letra.

Vidente soledad.

Un rubio niño sonríe a las orillas del lago,

es la compañía de los seres queridos,

los amigos ocasionales o constantes.

Alegra a todos, contagia con sus infantiles piruetas,

cerca de él todos viven en un idílico paraíso,

sin embargo a la larga tanto deleite

los convierte en paralíticos espirituales.

Del lado opuesto,

donde la maleza ha provocado grandes estragos,

en ese extremo,

una pequeña niña ciega es paseada por su perro guía.

No hay risas ni acompañantes, menos graciosas piruetas,

solo unas pupilas absorbidas por una densa niebla,

el ladrido de un perro, y unas lágrimas

que ceden ante la soledad.

No obstante, allí en aquel pequeño corazón

reside una guerrera.

Alguien que sin ver los rayos del sol sostiene que existe,

pues se refugia en la calidez que del astro emana.

Nadie le hace mimos

mayoritariamente pasa desapercibida,

sin embargo no se siente sola

porque estar solo es una oración,

pero sentirse solo es otra.

Muchas veces las soledades elevan nuestra alma

a una dimensión nunca antes concebida.

Abrázala y aprende.

Enemigos.

Por un camino salió contra mí

por siete caminos huyó de mí

porque es promesa

y es así.

La guerra declarada

sobre el campamento,

mientras una confusión nocturna

los envuelve, y fenecen.

Confía guerrero, aumenta tu esperanza

por la noche el lloro

con el día la danza.

Plomizo encierro.

Plomizo el color con que cubres tus dudas,

te internas por voluntad propia,

quieres liberarte, y asumes un medicinal encierro.

Todo no es lo que aparenta,

y te consideras plúmbeo ante todos los que te rodean,

te aíslas, pero temporalmente.

No siempre la soledad es dañina,

en ocasiones puede ser de inestimable bendición

y llegar a usarse como arma defensiva.

Has decidido bien, abre,

cuando no duelan tus heridas.

Soberano.

Desencajado semblante

rechinar de dientes

frío que desgasta

justicia inminente.

Intimidación, abuso de poder,

mientras Dios permita,

todo Él lo ve.

Todo lo que pasa debajo del sol

ha sido sellado por mi Rey y Señor.

Validación.

¿Tu autoestima quién la valida?

Aquel que se dice ser sincero

y no te ahorra los malos momentos.

O aquella que fluctúa como nubes en grisáceo cielo,

cúmulo de lluvias

que pueden caer para bien o para mal

porque nunca se sabe.

O los que juzgan sin conocer a fondo

el color de tus noches

o la fragancia de tus madrugadas.

¿Quién conoce tus fortalezas,

el día de tus pequeñeces

o la coronación de tu figura?

Más te vale que solo oigas una voz,

aquella suave voz de quien te creó,

aquel que te formó desde el vientre.

Él y solo Él puede validar tu vida.

Justiprecio.

¿Cómo valorar la compañía?

Estando una temporada

en el epicentro de la soledad.

¿Cómo valorar la soledad?

Solo basta una mala compañía,

alguien que te drene,

censure tus días,

y haga más preciada

la casa vacía.

Mi lugar.

Me cercan con alambres candentes,

al rojo vivo, solo uno es capaz

de tomar mi lugar.

Apartarme, colocarme a buen recaudo,

y de buena gana

dejar que los violentos alambres

se adhieran a su piel.

Uno solo tomaría mi lugar

iría de puerta en puerta,

caminaría millas, subiría el Everest,

se entregaría en un madero por mí

con gusto.

Mi eterno amigo, y amado salvador.

Cordón umbilical.

Estás de paso, eres un viajero

lo aceptes o no.

Atesoras muchas posesiones,

y huye el sueño en el umbral de tus ojos.

Buscas seguridad almacenando bienes,

son ellos mismos

los que por salario te regalan insomnio,

y oquedades.

Corta el cordón umbilical que te une a todo,

te frena, esclaviza, draga.

Sé libre, eres solo un peregrino,

nada podrás abrazar en el retorno.

Al descubierto.

Juzgas a otros por tus errores,

gigantesco desacierto.

Tu forma adquiere un rasgo servil

bajo una cubierta que a muchos ocultas,

sin embargo al escuchar tus palabras

y la pujante incuria aflorando en tus ojos,

no se necesita una prueba más

es evidente.

¿Crees que vertiendo tus sinrazones sobre el mundo,

quedarás inmune a tus compromisos?

A mí no me parece.

El sol se dejará ver en todo su brillo e instantáneamente

será desenmascarado,

todo tu bien trabajado personaje.

Cortaplumas.

Callas, pero tu silencio es sinónimo de culpa,

de faltas mal canalizadas.

Callas, sin embargo la más reducida ranura

hará que estalles en frases soeces,

dejando indelebles estelas

para un futuro teñido de orfandad.

Porque las palabras se asemejan

a antiguas cortaplumas, lesionan,

y literalmente dañan el tranquilo vuelo.

Por eso no extraño tu voz

hay más afecto en tu silencio.

Nostálgica alborada.

La alborada emite el suave efluvio

del húmedo pábulo.

Un aire de añoranza aviva la llama interna

colocada en mí.

Hoy anhelo abrir mis brazos

y cubrir con ellos tu cintura,

y sentir tu beso sobre mis cabellos.

Inhalar el aroma de tu fino traje de lino,

ser absorbida y a la vez absorber.

Escuchar tus serenas palabras

acompañadas de una paz inexplicable.

Hoy quisiera tocarte, desatar tus sandalias,

derramar mi perfume sobre tus pies.

Hoy es un día donde mi sed se agiganta,

y mi corazón al galope, acuciante te busca.

Es otro día donde puedo percibir tu amor por mí,

y solo hay una respuesta a eso,

amarte aún más.

Hoy te esperaré en las habitaciones de mi casa,

en las calles por las que deambulo,

en mi labor diaria

porque sé que en el momento menos esperado

podré sentir tu amorosa presencia.

Tú me amas más de lo que yo pueda hacerlo,

y esa es mi garantía.

Hoy te extraño, te añoro, te anhelo

Jesús.

Suaves mareas.

En aquel sitio de suaves mareas

de aires del norte, de olor a tierra,

es donde como toda una reina

doña soledad gobierna.

Allí viajo en las tardes,

en las horas sombrías

en las noches de insomnio

en los macilentos días.

Allí me escudriño cual reciente libro,

y me abro al examen

del creador, de mi amigo.

Es en aquel sitio de las suaves mareas

donde soy consciente que vuelvo a la tierra

en mi cuerpo físico, en mi tez, mis guerras.

Sin embargo advierto

que mi espíritu tiembla,

y lejos de estancarse por las nubes vuela.

Lugar de soledad con sus suaves mareas

perdura tranquilo mientras yo te sienta.

Alma de mariposa.

Brisa matutina,

despliegas tus alas con un movimiento

entre aplausos y bolsillo,

mirando al sol, inhalando todas las fragancias

descubiertas en tu alegre vuelo.

Tus alas emiten todos los colores,

rozas sin percatarte

entre lo sublime y lo sencillo.

Has sufrido un acerbo encierro

y por ello conoces el valor de cada aleteo.

Has tenido que mudar tu piel

en cada centímetro de crecimiento,

razón por la cual aprendiste a no juzgar

a aquellas que en su proceso

van unos vuelos detrás de ti,

metafóricamente hablando

pues ellas aún no pueden volar velozmente,

sin duda lo harán en el momento preciso.

Tus alas eran frágiles al inicio

hoy se han endurecido,

vuelas al extenso valle sin temor alguno.

Sabes que serás inmortal

hasta que hayas cumplido

con todo tu cometido,

el propósito para el cual fuiste creada.

Si creyera en la reencarnación

y no es mi caso,

desearía volver

como una delicada y agradable mariposa.

Las veo volar, me cautivan sus colores,

su animado serpenteo, su libertad absoluta.

Disfrutan la simplicidad de la vida,

el tibio aire, la brisa matutina, el fresco rocío,

los primeros rayos del astro soberano.

Se deleitan, y son felices con aquellos detalles

al parecer insignificantes.

Sería muy bueno tener alma de mariposa.

Vivir, viviendo.

Sutil llovizna que apenas humedece las calles,

similar a las conductas, y laberintos

que en mi afán rebusco para colorear mis días,

mis grises días tras tu huida

o tal vez posteriores a esta dejadez pospandémica

o inherente a estos apagones minando mi energía.

Es una lluvia ínfima

como lo son las infructíferas búsquedas del rosado fucsia

o el azul cielo.

Se hace perentorio un mayúsculo chaparrón

que anule totalmente el desconsuelo interno,

asomándose a mis pupilas en los límites tangibles

sin palpar absolutamente nada .

Borrando por completo los agujeros,

agujeros negros, y que de repente la simplicidad

sea un complemento más en el sendero.

Olvidar tus contornos y maneras,

ver nacer sentimientos en mi tierra

y aún con apagones que destierran,

sonreír y vivir lo que nos queda.

Jolgorio versus silencio.

Risas, carcajadas,

aire contagiado de alegres miradas.

Todo flotando sobre una superficie,

sin percibirse ausentes, asunto bien difícil.

Silencio sepulcral, meditación profunda.

¿Está bien o está mal?

¿Quién soy?

¿Cuál es mi meta?

Es un cuadrilátero de dos boxeadores

en uno el jolgorio, en el otro el silencio,

el uno acompañado, y el otro avanza lento.

Si me dan a elegir entre ambas opciones,

escogería el silencio

a quien la soledad le ha platicado,

y ha sido sincera, ha yacido a su lado.

Porque en ese espacio donde es aciago el suelo,

las flores crepitan, y el éter huyó al cielo

es en ese sitio donde clara me observo,

y el sabor de mi alma con paciencia aprendo.

A golpes de cincel.

A golpes de cincel en el centro del miocardio,

duros a intervalos

moderados con frecuencia,

me estas enseñando

a golpes de cincel.

Con pérdidas irreparables,

con palabras similares a flechas incandescentes,

con el peor de los abandonos.

A golpes de cincel me enseñas.

Y yo, sentada en mi butaca

absorbo el panorama, y acallo mi voz,

las voces.

Abrazo las lecciones,

y en medio del dolor punzante,

la sangre tibia, y la indiferencia,

miro el cincel, y a la vez lo amo,

instrumento de dolor y enseñanza

solo en tus manos.

Mesa y pesebre.

Con cierta indecisión te invito,

quiero tu compañía,

pero solo tengo una mesa de viejas tablas.

Me parece tan poco para ti.

De repente me miras y ríes,

– lo mío es lo sencillo, lo simple – me dices.

–Cambie un trono por un rústico pesebre,

y temes invitarme a hacerte compañía

sobre una mesa de madera.

–Pesebre y mesa son semejantes.

–Hablemos.

Sin juzgar.

Ausencia total de sonidos

aire fresco que recorre cada árbol,

esparciendo un dulce olor

a pastel o mermelada de mango.

Las palomas vuelan con inocente alegría,

y el éxodo vespertino de los totíes inicia,

van en bandadas.

Yo admiro a unos y a otros

a las palomas en su imperturbable vuelo,

y a los totíes

que no se conforman y se remontan

buscando una mejor opción.

Hoy soy paloma,

quizás cuando menos lo imagine

reencarnaré en un totí.

Dos navíos.

Cerca de mi hoy navegan dos morosos navíos

ocio y soledad,

no siempre son nocivos.

De momento afloran atrayentes imágenes,

escribir un libro, ayudar a mi tierra.

Enseñar a los niños, asistir mis ancianos,

leer los poemas a los veteranos

o aquellos en crisis bajo el desamparo.

Cuando estamos solos,

y nos desnudamos de nuestro egoísmo,

y del yo primario,

nacen como flores hermosas ideas,

quiera Dios que muchas den fruto, y se puedan.

Heladas bóreas.

Recorro el camino bordeando el arroyo

mi cabello desde siempre indisciplinado

es revolcado por las heladas bóreas,

yo creo que han crecido plantas que no sembré.

El álveo ha alterado el fluir del arroyo,

tampoco estaba así.

Como cambia en un tris todo cuanto has visto,

me asombra.

Busco mi cerezo, y no está,

ha sido suplantado por un ciruelo, increíble,

busco, y cercano al suelo

puedo ver su tronco, sus tallos, todos secos.

Se han rebelado mis plantas,

no entiendo.

¿Será que podré controlar algo en mi vida?

Así.

Así, si, así mismo, con las alas del viento

rompiendo los silencios.

Esperaré la aurora, un día bendecido,

las flores que aún no abren, los lirios del camino.

Así, si, así mismo,

pequeña y diminuta al borde de los marcos

de ventanas enjutas.

Esperaré mirando el extenso sendero,

un día tu figura, el otro los renuevos.

Así, si, así mismo, lo intentaré de nuevo.

Juego de canicas.

Tirando libros del estante la noche ha llegado,

y apenas me he dado cuenta.

Salgo a la terraza,

me deslumbra el estrellado cielo,

el perfume de mis pitiminís, y su obstinación constante

de rodear cada metro de mi terraza.

Arropada con mi suave bata de dormir,

tomo mi libro, uno de mis libros,

y concienzudamente me propongo

hacer una buena autocrítica.

De aquellas

donde las piedras aparecen sobre el verde pasto humedecido

cual juego de canicas.

Trataré de ser justa en mi veredicto.

A prueba de balas.

Preciso,

yo preciso,

un sueño profundo

donde las olas pausadas

viertan sobre la orilla

blancas espumas plateadas.

Preciso,

un sueño azul entre corales pétreos,

y anémonas ondulantes.

Yo preciso,

preciso,

un insondable sueño

donde la lejanía sea más que un concepto,

ausente de los ruidos,

del claxon de los autos,

de insípidos pregones que gritan a destajo.

Yo preciso un sueño con siete candilejas,

y aire suficiente que huela a madre tierra.

Yo preciso un sueño mirando a las estrellas

ausente del vapor, y las horas en vela.

Yo preciso un sueño a golpes de minutos,

que llegue con la aurora

extenso, absoluto.

Yo preciso un sueño a prueba de las balas

donde el calor no afecte mis dulces madrugadas,

yo preciso un sueño,

un sueño y más nada.

Esperanza contra esperanza.

La densa bruma cubre toda la avenida

es como caminar a tientas,

a ciegas.

Total carencia de visibilidad,

cual ignoto futuro, sin saber ni intuir.

Esperanza contra esperanza,

es la prenda más preciada

en el interior de mi cartera.

Aguarda, me sugiero a mí misma,

el sol brillará nuevamente,

se disiparán las brumas,

y pronto verás todo

lo que hoy se oculta.

Cortina de humo.

Correr, huir, escapar de las penurias,

las miserias humanas,

miserias del alma,

de esas de las malas

que cortan con el filo

de una luna dentada.

Evadirse, desaparecer,

de tóxicas atmósferas

de pueriles palabras,

de lámparas sin aceite

ni brillo en las miradas.

Esfumarse cual cortina de humo,

buscando en otro rumbo una ruta nueva,

un sitio renovado

olor a lluvia y yerba.

Permisibles límites.

Aves que intencionadamente

se posan en las ramas del framboyán,

sin hojas ahora.

Un niño juega haciendo burbujas,

vuelan en el punto medio

entre el framboyán y mi figura.

Una paloma atrevida

y con mucha confianza,

se posa en los límites permisibles.

Las aves buscan descanso,

pero no obtienen sombra,

el niño añora estar dentro de las burbujas

o quizás ni lo piensa.

La paloma busca compañía y se arriesga,

cada cual busca algo o simplemente lo sueña.

No dimitas tú, ve por tus quimeras.

Tramos.

Vendajes, unos con fuertes bálsamos

otros con aromáticos aceites,

debo escoger cuál es el adecuado para mí lesión,

para sanarme, eso dijo el vendador.

Tramos, tramos de senderos tortuosos,

de elevadas pendientes, de desarraigo,

él estará en cada tramo.

Su mano será una guía segura,

un sostén inconmovible.

Vendajes, tramos, compañía, todo en ti.

Collado del incienso.

Vientos contrapuestos arremeten contra mí,

sacuden mis cimientos

enarbolan turbulencias.

Vientos de aquilón, y austro me encuentran,

en el collado del incienso

en el monte de la mirra.

Me sacuden como a gavillas de trigo,

zarandean mi alma, rota y sola.

En mi huerto sollozo como un niño

se esparcen por los aires las fragancias,

llegan hasta donde mi amado

y lo atraen con amor a mí.

Benditos vientos fríos, y calientes,

me han hecho bien.

Hoy no estaré sola cuando huyan las sombras.

I want morebooks!

Buy your books fast and straightforward online - at one of world's fastest growing online book stores! Environmentally sound due to Print-on-Demand technologies.

Buy your books online at
www.morebooks.shop

¡Compre sus libros rápido y directo en internet, en una de las librerías en línea con mayor crecimiento en el mundo! Producción que protege el medio ambiente a través de las tecnologías de impresión bajo demanda.

Compre sus libros online en
www.morebooks.shop

KS OmniScriptum Publishing
Brivibas gatve 197
LV-1039 Riga, Latvia
Telefax: +371 686 204 55

info@omniscriptum.com
www.omniscriptum.com

Printed by Books on Demand GmbH, Norderstedt / Germany